Spotkaj się ze sobą ... **bądź gotowy zaprojektować życie, które kochasz.** Skup się na treści tego *Przewodnika* bardziej, niż na urządzaniu swojego wymarzonego domu. Dużo uwagi poświęcamy miejscu, w którym żyjemy, a tak naprawdę powinniśmy się skupić na życiu, które prowadzimy!

Dzięki pracy z tym *Przewodnikiem*:
- Zbudujesz spokój w sobie.
- Odkryjesz przyjemność bycia sobą oraz poznasz swoją wartość.
- Poznasz siebie, a potem zobaczysz, co w Twoim życiu wymaga jedynie renowacji, a co powinieneś zburzyć lub porzucić, żeby osiągnąć szczęście.
- Skupisz się na sobie i swoich potrzebach.

Ile razy krytykowałeś swoje życie?

Ile razy inni wyśmiewali Twoje decyzje?

Ile razy poddałeś się i nie zrealizowałeś swojego marzenia w obawie przed ośmieszeniem?

Czas z tym skończyć. Teraz jest Twój czas.

Gratuluję Ci decyzji o zmianie!

Pomogę Ci zrozumieć, jakie wartości w Twoim życiu mają znaczenie. Sam zdecydujesz co z tym zrobić dalej. Wskażę Ci drogę i jeśli zechcesz, będziesz mógł nią podążyć, a ja z dumą będę obserwować, jak dzielnie kroczysz.

Przygotuję Cię do zmiany, jeśli ofiarujesz mi 30 minut dziennie przez kolejne 21 dni. Moc jest z Tobą! Jesteś Architektem swojego życia!

Życzę Ci powodzenia w odkrywaniu siebie!
Kasia Dorosz

Spis treści

Wstęp 3

1 Mój szczęśliwy poranek 6
2 Podróż w głąb w siebie 8
3 Miłość i szczęście w Twoim domu 10
4 Inspiracje 12
5 Podróże 14
6 Poczucie szczęścia 16
7 Twoje talenty 18
8 Akceptacja 20
9 Twoja wewnętrzna siła 22
10 Kto jest dla Ciebie ważny? 25
11 Litania szczęśliwego człowieka 27
12 Potrzeba miłości i język miłości według Chapmana ... 30
13 Wewnętrzny krytyk 33

Wstęp

Przewodnik, który trzymasz teraz w dłoni ma być, niezależnym od pozostałych części, drogowskazem do drogi pełnej spokoju. Wspólne dla całej serii pozostają jednak poniższe informacje.

Do pracy z Przewodnikiem będziesz potrzebować:

1. Zeszyt do ćwiczeń.
  Zapisuj w nim odpowiedzi na wszystkie pytania, które zadam Ci w poszczególnych zadaniach na dany dzień.

2. Kalendarz książkowy.
  Będzie Ci służył do tworzenia podsumowania dnia.

Plan Dnia

Pamiętaj, aby każdy dzień zaczynać i kończyć **wdzięcznością, medytacją i ćwiczeniami**. Na tym etapie możesz już dostosowywać czas trwania i kolejność wykonywania do swoich potrzeb. Poniżej moja propozycja:

Rytuał poranny

1. Wdzięczność i afirmacje.
  Skup się na dobru, które Cię otacza. Powiedz na głos za co jesteś wdzięczny. Stwórz kilka pozytywnych zdań na swój temat.

2. Czytanie i medytacja.
  Przeczytaj sentencje / Pismo Święte / wartościową książkę. Wybierz jedną myśl z tekstu, która będzie Cię prowadzić przez cały dzień. Następnie usiądź wygodnie i kontempluj ją przez kilka minut. Na koniec skup się na swoim oddechu, oddal wszystkie myśli i pozostań w ciszy jeszcze przez parę chwil.

3. Ćwiczenia.
  Wykonaj kilka prostych ćwiczeń – rozruszaj swoje ciało na dobry dzień.

Rytuał wieczorny
1. **Podsumowanie dnia i wdzięczność.**
   Zapisz w kalendarzu książkowym odpowiedzi na poniższe pytania:
   Za co jestem dziś wdzięczny? Co dobrego dziś zrobiłem? Czego się dzisiaj nauczyłem? Ile dziś ćwiczyłem? Co dzisiaj zjadłem?

2. **Ćwiczenia odprężające.**
   Pozbądź się napięć, które pojawiły się w Twoim ciele w ciągu dnia – wykonaj ćwiczenia rozciągające.

3. **Medytacja.**
   Znajdź wygodną pozycję do kontemplacji. Wycisz swoje myśli. Skup się na oddechu. Wypuść ze swojego umysłu wszystko, co wydarzyło się przez cały dzień.

Zadania na 21 dni

Codziennie skup się na przeczytaniu przygotowanego przeze mnie fragmentu tekstu. Ustal w ciągu dnia porę, kiedy w ciszy i spokoju będziesz mógł nad nim pracować – rób to sumiennie i po kolei.

Zastanów się, jak do tej pory w danym temacie wyglądało Twoje życie oraz jak chcesz, żeby zaczęło wyglądać. Co musisz zrobić, żeby to osiągnąć? Zapisz wszystkie pomysły w swoim zeszycie ćwiczeń. Następnego dnia przeczytaj dokładnie ten sam tekst i idź sam na półgodzinny spacer. Na pewno podczas spaceru w Twojej głowie powstaną kolejne pomysły na zmianę. Zapisz je w zeszycie i zacznij po kolei wprowadzać w życie.

Tom IV

1. MÓJ SZCZĘŚLIWY PORANEK

Każdego ranka, kiedy obudzisz się i otworzysz oczy, pierwszą myślą niech będzie wyrażenie wdzięczności. **Podziękuj za wszystko co posiadasz** – za zdrowie, jedzenie, dach nad głową, za każdą drobnostkę w Twoim życiu.

Następnie pomasuj swoje nerki, wątrobę i serce. Pomyśl z czułością o swoich organach wewnętrznych. **Wyślij do nich miłość**: „Kocham Cię, moje serduszko" – wsłuchaj się jak bije dla Ciebie.

Usiądź wygodnie na podłodze i oddaj się spokojnej kontemplacji swoich uczuć i myśli. Skoncentruj się na swoim oddechu.

Bądź tu i teraz.
A teraz weź książkę z cytatami lub modlitwami. Przeczytaj wcześniej przygotowany fragment. Kiedy poczujesz wewnętrzny spokój wstań i z radością rozpocznij swój wspaniały dzień!

Ćwiczenie I:
Znajdź dla siebie źródło codziennej inspiracji – wybierz się do biblioteki bądź księgarni i znajdź tam książkę, z której będziesz codziennie rano korzystać. Zwróć uwagę, by zawierała zdania warte przemyślenia – ubogacające Twoje życie.

Ćwiczenie II:
Każdego dnia rozważaj kolejne fragmenty książki.
Zapisz w kalendarzu książkowym:
1. Co dla Ciebie znaczy przeczytany fragment?
2. Jakie zmiany wprowadził w Twoim życiu?

Poranna lektura ma być nie tylko przyjemnością, ale przede wszystkim zachętą do spojrzenia w głąb siebie i zachętą do zmiany.

Tom IV

2. PODRÓŻ W GŁĄB SIEBIE

Jesteś kreatorem swojej rzeczywistości. Chcesz żeby była piękna, to stwórz ją piękną. **Twoje życie, to lustro Twojej duszy.** Nic się nie liczy tak bardzo, jak TY.

> Twoje życie,
> Twoje ciało,
> Twoje myśli,
> Twoje szczęście,
> **to się liczy!**

Powtarzaj to sobie każdego dnia. Z miłością i szacunkiem – Ty jesteś dla siebie najważniejszy. Ty masz kontrolę nad swoim życiem. Ty tworzysz swoją rzeczywistość tak, jak chcesz.

Nie ma nic wspanialszego od prawdziwej miłości. **Pierwszą osobą, którą pokochasz jesteś Ty sam.** Trudne? Bardzo.

Często zdarza się, że zaczynamy szukać w życiu czegoś zewnętrznego, czegoś czego nie ma. Pierwsza zasada brzmi – **zacznij od siebie**, poszukaj tego w sobie. Jesteś SWOIM Mistrzem! **Pamiętaj, jesteś kim postanowisz być**.

Ćwiczenie I:
Zadaj sobie nastpujące pytania i zapisz odpowiedź w zeszycie ćwiczeń:
1. Co chcę poprawić ze swojej przeszłości? Na co mam wpływ i co mogę zmienić?
2. Co ze swojej przeszłości chcę świadomie zachować?
3. Czego nie znoszę w sobie i jak to zakończyć?
4. Jakie kroki muszę podjąć, aby tu i teraz rozpocząć te zmiany?
5. Czy mam w sobie wszystko co potrzebuję? Jeśli nie, to czego mi brakuje, żeby osiągnąć swoje cele?

Ćwiczenie II:
Jaka historia z książki jest bliska Twemu sercu? Jaki charakter lub typ bohatera? W czym chciałbyś być podobny do tego bohatera? Pamiętaj, Ty jesteś bohaterem historii swojego życia.

Tom IV

3. MIŁOŚĆ I SZCZĘŚCIE W TWOIM DOMU

Wprowadź radość do swojego domu. Mówi się, że dom to ludzie, którzy go tworzą. Możliwe, że teraz jedyną osobą, która tworzy Twój dom jesteś Ty. Zarówno śmierć współmałżonka, jak i odejście dzieci z domu wiąże się z poczuciem żałoby. Elisabeth Kübler–Ross – amerykańska lekarka – wydzieliła trzy komponenty żałoby: stratę, tęsknotę i poczucie zagubienia. Wszystkie są trudne, ale każdy z nich uda Ci się przejść, a gdy to nastąpi nadejdzie czas, by wprowadzić radość do Twojego domu.

Ćwiczenie I:
Zamknij oczy, weź głęboki wdech i wydech, uspokój umysł i pomyśl:
- Co przynosi Ci radość?
- Co sprawia, że czujesz się wolny?
- Przy kim czujesz się szczęśliwy?

Zapisz wszystkie swoje myśli w zeszycie ćwiczeń.

Ćwiczenie II:
Aby wprowadzić radość do swojego domu, może się okazać, że potrzebne będą w nim drobne zmiany. Często podczas moich rozmów w trakcie wykładów słyszę historie osób, które poświęcają całe swoje życie, by pomóc innym. To piękne. Jednocześnie jeśli jesteś jedną z tych osób, czas byś zadbał również o siebie i swoje otoczenie!

Zastanów się:
1. Co kochasz w swoim domu? Widok? Wspomnienia? Kolory?
2. Co Cię denerwuje w Twoim domu albo sprawia, że tracisz siłę życia? Zagracony pokój? Brudne ściany? – może czas pomyśleć o drobnym remoncie, który sprawi, że chętniej będziesz rano wstawał.

Nie wiem, czy wiesz, ale tak drobna rzecz, jak kolor ścian ma na Ciebie ogromny wpływ! Sypialnia powinna być w stonowanych i łagodnych barwach, by ułatwiać sen, a pokój, w którym oddajesz się codziennej pracy i rozrywkom najlepiej, żeby był w jasnym i radosnym kolorze. **Pomyśl co i kiedy możesz zmienić w swoim domu, by zagościła w nim radość.**

Tom IV

4. INSPIRACJE

Każdy z nas potrzebuje w swoim życiu inspiracji, autorytetu, wzoru do naśladowania – kogoś, kto będzie nam pokazywał w jaki sposób osiągnąć w swoim życiu szczęście, ale również, jak je podtrzymywać.

Wiele osób ma wpływ na Twoje życie. Mogą być to ludzie, których codziennie spotkasz w swoim otoczeniu – rodzina, znajomi, przypadkowe osoby spotkane w sklepie. Możesz też obserwować życie osób znanych, podziwiać postacie historyczne lub zachwycać się fikcyjnymi bohaterami literackimi, którzy w swoim postępowaniu są bliskie Twojemu sercu.

Pamiętaj!
Możesz czerpać z wielu źródeł. Jeden człowiek może być Twoją inspiracją w kwestii zdrowego stylu życia, a drugi może imponować Ci niezłomnością ducha w obliczu życiowych trudności.

<u>Ćwiczenie:</u>
Pomyśl teraz o osobach, które podziwiasz i są dla Ciebie inspiracją. Napisz ich imiona w swoim zeszycie ćwiczeń, a następnie dopisz obok odpowiedzi na poniższe pytania:
1. Za co podziwiam tę osobę?
2. Co z jej zachowania chcę dodać do mojego życia?
3. Jaką rolę pełni ona w moim życiu?
4. Czy mam możliwość stworzenia z nią bliższych relacji? Jeśli tak, to jak to zrobię?

Ważne jest byś uświadomił sobie za co podziwiasz i lubisz innych. To odsłania wielką prawdą o Tobie jako o człowieku – pokazuje czego Ty sam pragniesz w swoim życiu. Dodatkowo świadome przeanalizowanie swoich inspiracji sprawi, że z większą wdzięcznością i miłością spojrzysz na ludzi, którzy Cię otaczają. A stąd już kolejny krok, by osiągnąć spokój i radość ducha.

Tom IV

5. PODRÓŻE

Każdy z nas kocha podróże, choć dla każdego będą wyglądać one nieco inaczej. Niektórzy będą uwielbiać odwiedzać nowe fascynujące miejsca, odkrywać nowe kultury i poznawać nowych ludzi. Inni będą szczęśliwi podróżując w samotności po górach albo organizując sobie krótkie wycieczki krajoznawcze z najbliższymi osobami.

Mówi się, że podróże kształcą i jest w tym mnóstwo prawdy, którą warto dostrzec.

Ćwiczenie I:
Zastanów się, w jaki sposób lubisz podróżować. Jaki typ wypoczynku przynosi Ci prawdziwy spokój i relaks? Jakie miejsca lubisz odwiedzać? Wolisz podróżować w samotności, czy potrzebujesz towarzysza do dzielenia się swoimi przeżyciami? Jeśli lubisz podróżować w towarzystwie, to z kim najbardziej?

Ćwiczenie II:
1. A teraz zastanów się, czy są jakieś miejsca, które marzysz zobaczyć? Takie, do których jeszcze nie dotarłeś albo wspominasz je tak dobrze, że chciałbyś tam wrócić. Napisz teraz jedno najbliżej, a drugie najdalej od Ciebie.
2. Zastanów się co musisz zrobić, aby zrealizować swoje marzenie – sprawdź wszystko szczegółowo, tak, jakbyś miał jechać tam już teraz. Zapisz m.in. jak dotrzeć w dane miejsce? Co chciałbyś tam zobaczyć? Ile czasu chciałbyś tam spędzić? Ile kosztowałaby Cię cała podróż? Pamiętaj o tym co wypracowałeś we wcześniejszym ćwiczeniu – swoim ulubionym sposobie podróżowania.
3. Teraz dopiero wiesz, jak dokładnie wygląda Twoje marzenie, więc... zacznij je realizować! Stwórz plan – to tylko dwie podróże, zacznij realizować je po kolei. Od której zaczniesz?

To co daje mi poczucie spokoju to spełnienie, spełnienie moich marzeń. Teraz i Ty możesz zacząć to czuć.

Tom IV

6. POCZUCIE SZCZĘŚCIA

Bądź dobry dla siebie. Szanuj siebie – swoje myśli i uczucia. Zwróć uwagę na to, jak zwracasz się do ludzi. To jest lustro – pokazuje kim jesteś i jakie są Twoje wartości, ale również Twoje zachowanie będzie odbijać się w innych ludziach – kiedy jesteś dobry, inni odwzajemniają się tym samym. Dawaj tyle miłości i szacunku, ile sam jesteś w stanie udźwignąć. **Bądź dawcą szczęścia – a ono wróci do Ciebie pomnożone.**

Wiem, co pomyśli część z Was: „Jestem dobry dla ludzi, a oni kładą mi kłody pod nogi". Pamiętaj, to wyjątki! Za to zastanów się, czy może nie czas zakończyć z nimi relacje - odetnij się od toksycznych osób i nie uzależniaj od nich swojego poczucie szczęścia.

Zatrzymaj się na chwilę i zobacz, jak delikatny jest motyl – piękne stworzenie, prawda? Ty też jesteś taki piękny i delikatny.

Zajrzyj teraz do swojego wnętrza. Co czujesz i widzisz? Piękno? Wrażliwość? Dobro? Tak, to jesteś TY.

Poczuj to – traktuj siebie i swój organizm, jak najpiękniejszą świątynię. Jak najbardziej wyrafinowane diamenty!

Ćwiczenie I:
Czy potrafisz śmiać się spontanicznie i tak od serca?
Stwórz teraz własną listę osób, miejsc, rzeczy, czy czynności, które sprawiają Ci radość. To będzie Twoja lista szczęścia.

Ćwiczenie II:
Prześledź swoje życie w czterech obszarach:
1. Emocjonalnym – spisz swoje uczucia względem siebie i innych, podkreśl te, nad którymi dalej chcesz pracować,
2. Intelektualnym – zobacz co myślisz o sobie i o osobach, które spotykasz. Co wymaga zmiany?
3. Fizycznym – co mówi do Ciebie Twoje ciało? Czy okazujesz mu miłość i szacunek?
4. Duchowym – w co wierzysz i jak tę swoją wiarę realizujesz na co dzień?

Tom IV

7. TWOJE TALENTY

Każdy z nas ma zdolności, które możemy rozwijać przez całe nasze życie. Dla jednych będzie to taniec, dla innych śpiew, malowanie, robienie na drutach, szydełkowanie, gotowanie... Możliwości jest wiele i nigdy nie jest za późno, by odkryć swój talent i czerpać radość z jego rozwijania.

Pamiętaj!
To, że jesteś po pięćdziesiątce wcale nie oznacza, że nie możesz np. zacząć grać na skrzypcach. Wyrzuć ze swojej głowy przekonanie, że jeśli już coś masz robić to musisz opanować to do perfekcji i być najlepszy. Nie! Działaj dla samej przyjemności twórczego życia.

Ćwiczenie I:
Napisz w czym już teraz jesteś dobry? Co jest Twoją sekretną bronią? Jaka ukryta siła i moc drzemie w Tobie?

Ćwiczenie II:
Poświęć czas na zastanowienie się, jakie czynności do tej pory w życiu sprawiały Ci przyjemność? Czego chciałbyś spróbować? Co chciałbyś się nauczyć? Pomyśl, o kilku możliwych obszarach talentów:
1. Artystyczne – malowanie, rysowanie, lepienie z gliny itd. Może lubisz odwiedzać galerie sztuki i wystawy?
2. Muzyczne – śpiewanie, granie na instrumencie (jakim?), komponowanie własnych utworów, taniec itd. Może lubisz chodzić na koncerty i nie wyobrażasz sobie domu bez dźwięków muzyki?
3. Sportowe – czy ruch to Twoje życie? Jaką aktywność fizycznie lubisz wykonywać najbardziej?
4. Pisarskie – pisanie dziennika ze wspomnieniami, tworzenie wierszy i opowiadań itd.
5. Techniczne – konstruowanie nowych urządzeń, ulepszanie przestrzeni wokół siebie, naprawianie i odnawianie przedmiotów - może to coś co lubisz?
6. Inne – wymieniłam tylko kilka popularnych grup talentów, żeby pomóc Cię nakierować, na to co możesz robić w swoim życiu. Jednak jest ich znacznie więcej, znajdź to co jest Twoją siłą i rozwijaj to.

Tom IV

8. AKCEPTACJA

Szczęśliwy człowiek akceptuje wszystko, co go spotyka. Doskonale rozumie, że życie jest lekcją, dzięki, której może zdobywać nową wiedzę, umiejętności i doświadczenie.

Bierze całkowitą odpowiedzialność za swoje życie – wie, że to on podejmuje decyzje czy skorzysta z nadarzających się okazji oraz jak zareaguje na losowe nieszczęścia i niespodziewane problemy.

Człowiek akceptujący rzeczywistość nie jest absolutnie bierny i poddany. On wie, że przez akceptację wszystkiego co jest, zyskuje potężną moc, która pozwoli mu ukształtować rzeczywistość według własnego życzenia. Może osiągnąć spokojne szczęście niezależnie od warunków zewnętrznych.

Ćwiczenie I:
Czy Ty jesteś takim człowiekiem?
Zastanów się nad rzeczami, które trudno Ci zaakceptować? Wymień je wszystkie. Pomyśl nad źródłem braku akceptacji, bo dopiero znając przyczynę będziesz mógł ją zmienić.

Ćwiczenie II:
Mówiąc „akceptacja" często chcemy dodać odruchowo „samego siebie" i słusznie, bo jest ona bardzo ważna! Aby ją osiągnąć przede wszystkim musisz siebie poznać, dlatego zastanów się:
1. Co jest dla Ciebie najważniejsze jako człowieka?
2. Co lubisz w sobie najbardziej?
3. Czy jest ktoś w Twoim życiu, kto wierzy w Ciebie bardziej niż Ty sam? Kto to jest? Co czujesz wobec tego, co mówi o Tobie?

Ćwiczenie III:
Poznaj i zaakceptuj swoją przeszłość!
1. Czego żałujesz w swoim życiu?
2. Czego nigdy nie udało Ci się zrobić?
3. Co to zmienia w Tobie? Jak to pomogłoby Ci zmienić siebie i to kim jesteś?

Tom IV

9. TWOJA WEWNĘTRZNA SIŁA

Czynniki zewnętrzne nie mogą dyktować Ci co masz czuć oraz jak masz się zachowywać. Choć oddanie sterów swojego życia losowi czy innym osobom może przynosić spokój, to... jest on tylko pozorny! Osłabia Cię, sprawia, że stajesz się kimś kim naprawdę nie jesteś i ostatecznie doprowadza do rozdźwięku pomiędzy Twoimi potrzebami i pragnieniami, a przymusem bycia według wizji kogoś innego. Jeżeli Twoje życie tak wygląda, to czas to zmienić. Jak? Odkrywając swoją wewnętrzną siłę!

Ćwiczenie I:
Otwórz się na swoje uczucia i emocje – one są niezawodnym kompasem wskazującym rzeczy, które Cię budują i które stają na drodze Twojemu szczęściu. Codziennie po porannej medytacji odpowiedz sobie na pytanie:
1. Co czuję? – zatrzymuj się w różnych chwilach swojego dnia i wsłuchuj się w to co podpowiadają Ci Twoje emocje i ciało. Utrzymaj kontakt z samym sobą.
2. Czy czujesz szacunek do siebie?
3. Czy czujesz, że masz dobre intencje w życiu?
4. A co czujesz wobec ludzi, których codziennie spotykasz? Czy czujesz, że wszystko i dla wszystkich jest jasne i nie musisz niczego ukrywać?

Pamiętaj, aby Twoje intencje, działania i uczucia były zawsze czyste. Kiedy to zrobisz, osiągniesz spokój – stabilizację wewnętrzną. Zbyt często widzę ludzi, którzy wstydzą się własnych pragnień i decyzji. To ich wyniszcza, bo choć chcą coś robić to próbują to ukryć przed otoczeniem z obawy przed reakcją z jaką się spotykają. Czujesz jak wiele w tym niepokoju? Nie rób tego sobie! Choć na początku jest to bardzo trudne, to rób wszystko by działać w sposób jawny – dumny z samego siebie i tego co robisz.

Ćwiczenie II:

Buduj swoją wewnętrzną siłę i spokój poprzez dogłębne poznawanie tego kim jesteś. Zastanów się i zapisz odpowiedzi na następujące pytania:
1. Co jest dla Ciebie ważniejsze od wiedzy?
2. Co jest silniejsze od śmierci?
3. Co prowadzi Ciebie do bycia silnym każdego dnia?
4. Czy masz w sobie spokój? Jeśli tak, to jak się on wyraża? Jeśli nie to wypisz, dlaczego i co powinieneś zrobić aby go osiągnąć?

Ćwiczenie III:

Napisz, jak oceniasz swoje życie. Proponuję Ci zrobienie tego na dwa sposoby:
1. Podziel swoje życie na etapy np. dzieciństwo, dorastanie, okres budowania rodziny i zdobywania doświadczenia zawodowego, druga młodość (życie po pięćdziesiątce!). A następnie do każdego okresu stwórz tabelkę i wypisz przynajmniej po pięć przykładów dla:

Moje najcenniejsze wspomnienia	Najtrudniejsze przeżyte sytuacje	Ludzie i rzeczy, które były dla mnie ważne	Błędy, jakie popełniłem	Lekcje, jakich się nauczyłem

Na koniec napisz, krótkie podsumowanie każdego etapu swojego życia.

2. Użyj wyobraźni i zastanów się do czego porównałbyś swoje życie. „Moje życie jest, jak poemat...", „Moje życie jest, jak muzyka...", „Moje życie jest, jak motyl na wietrze...", „Moje życie jest, jak cyrk..."

Ćwiczenie IV:

Masz już pełen obraz swojej przeszłości, skup się teraz na przyszłości. Wypisz dziesięć rzeczy, które chcesz zrealizować. Poczuj siłę wyobraźni!

Przewodnik Pozytywnego Życia

10. KTO JEST DLA CIEBIE WAŻNY?

Człowiek szczęśliwy kocha i akceptuje siebie. Ma właściwą samoocenę, bo zna swoją wartość. Wie, że wszystkie pozornie złe sytuacje, które doświadczył w życiu były tylko doświadczaniem. Oczywiście akceptuje swoje niedoskonałości i pracuje nad nimi.

Człowiek kochający siebie ma tej miłości tak dużo, że zaczyna ją rozdawać innym ludziom. Dzieli się nią i promieniuje. Tylko naprawdę i bezwarunkowo kochając siebie możemy naprawdę mocno i bezwarunkowo pokochać innych.

Ćwiczenie I:
Gdybyś miał spędzić cały rok tylko z jedną osobą, kto by to był?
Zwróć również uwagę na to, kto nie pojawił się w Twoich myślach i dlaczego – tak proste ćwiczenie, a pokazuje wiele o relacjach, które potrzebują uzdrowienia.

Ćwiczenie II:
Napisz proszę teraz te osoby, które odrzuciłeś we wcześniejszym ćwiczeniu.
Ile energii możesz poświęcić na zmianę relacji z tymi osobami? Co musiałoby się zmienić, byś z przyjemnością spędził z nimi cały rok?

Ćwiczenie III:
Napisz teraz dziesięć zdań o osobie, która jest Ci najbliższa. Skup się na tym, kim jest i co sprawia, że jest dla Ciebie taka ważna.
Kiedy ostatni raz powiedziałeś bliskiej osobie, co do niej czujesz i jak ważna jest dla Ciebie?
Czy potrafisz jej aktywnie słuchać i szczerze z nią rozmawiać?

Ćwiczenie IV:
Wypisz pięć rzeczy, które życzysz bliskim Ci osobom, pomyśl o tym, czego one, by pragnęły, a nie o tym, co Ty uważasz za najlepsze dla nich.

Przewodnik Pozytywnego Życia

11. LITANIA SZCZĘŚLIWEGO CZŁOWIEKA

Bądź tu i teraz

Teraźniejszość to bezczasowość istnienia.
Będąc w teraźniejszości pokonujemy czas i starzenie się.
Przestań myśleć o tym, co było w przeszłości i co będzie w przyszłości. Żyj teraźniejszością! Ktoś kiedyś obliczył, że przeciętny człowiek w ciągu doby poświęca tylko około 1 minutę teraźniejszości, reszta to plany i rozpamiętywanie tego co było. Będąc świadomym w chwili obecnej dostrzegamy szczegóły, jakich byśmy nie dostrzegli skupiając się na przeszłości i przyszłości.

Jedz świadomie

Najlepiej jest wczuć się w prawdziwe potrzeby ciała. Świadome odżywianie to nie tylko jedzenie lekkich roślinnych potraw, ale też sposób spożywania posiłków – jedzenie uważne i powolne. Pokarm powinien być przeżuwany ze spokojem i uwagą (od 15 do 20 razy każdy kęs). Powinniśmy skupić się tylko na jedzeniu, a nie oglądać w tym czasie telewizję czy czytać gazetę. Bardzo ważna jest przed jedzeniem krótka intencja czy modlitwa, polegająca na podziękowaniu za posiłek.

Celebruj radość

Człowiek radosny posiada niezgłębione pokłady siły życiowej. Tą cudowną energię możemy zaobserwować u dzieci, które potrafią się cieszyć całymi sobą. Radość życia, z tego co dzieje się w naszym życiu powoduje, że mamy dobre samopoczucie, a tym samym więcej siły na kolejne wyzwania i przeżycia.

Patrz w serce

Empatia, czyli współodczuwanie, to cecha, która pomaga zrozumieć drugiego człowieka. Jednak nie jest to litość, która stawia drugą osobę niżej od nas. W uczuciach i emocjach jesteśmy sobie równi. Empatia to piękna cecha naszego serca i most do budowania bliskości z innymi.

Pielęgnuj wdzięczność

Wdzięczność to wyrażanie podziękowania sobie, Bogu, czy wszechświatowi lub losowi, ze to co dzieje się w Twoim życiu. Pielęgnując ją codziennie nastawiasz się na dostrzeganie własnej sprawczości i dobra, które Cię spotyka. Okazując wdzięczność za to co otrzymujesz od innych osób pogłębiasz z nimi relację. Dajesz im również jasny znak, co jest dla Ciebie ważne oraz że widzisz dobro jakie Ci okazują. Czy może być lepsza zachęta do dalszej bliskości?

Twórz zrozumienie

Zrozumienie to wiedza, ale nie płynąca z umysłu lecz z serca, że wszystko jest dokładnie takie, jakie powinno być. Zrozumienie siebie, daje spokój i siłę życia, zrozumienie otaczających ludzi, jest bezcennym darem, jaki możesz im ofiarować, rozumienie świata, który Cię otacza, to krok do budowania radości i akceptacji swojego życia.

Ćwiczenie I:
Przepisz powyższą litanię i umieść w widocznym miejscu, abyś codziennie mógł to w sobie pielęgnować.

Ćwiczenie II:
Przyjrzyj się, jak wygląda Twoje życie we wszystkich wymienionych punktach i znajdź pomysł na wprowadzenie w życie tych zasad.

Przykład

Bycie tu i teraz – możesz ustawić sobie przypomnienie w telefonie o różnych porach dnia o treści: „Oddech. Co czuję?". Zrobienie kilku głębokich oddechów sprawi, że wrócisz do bycia tu i teraz, a odpowiedź na pytania o uczucia, pokaże czego w danej chwili najbardziej potrzebujesz.

Świadome jedzenie – na początek podczas wybranego posiłku możesz skupić się na małych kęsach i wydłużeniu czasu przeznaczonego na jedzenie.

Tom IV

12. POTRZEBA MIŁOŚCI I JĘZYK MIŁOŚCI WEDŁUG CHAPMANA

Gary Chapman, amerykański terapeuta i autor wielu książek na temat związków dzieli się swoją teorią o tym, że strategie zaspokajania potrzeby miłości można podzielić na pięć grup, które nazwał pięcioma językami miłości. Oto one:

1. Słowa docenienia i wsparcia
To po prostu wyrażanie naszej miłości słowami. Może się ono objawiać poprzez mówienie o tym, co nam się w drugiej osobie podoba lub dlaczego przebywanie z nią sprawia nam radość. To również słowne docenienie i wspólne świętowanie jej sukcesów.

2. Czas przeznaczony na bycie razem
To tzw. „czas wysokiej jakości" zaplanowany na bycie z drugą osobą. To m.in. wysłuchanie tego, co dla niej ważne, dzielenie jej pasji lub czynności, które sprawiają jej radość (pójście do kina, wycieczka w góry, zaproszenie do kawiarni).

3. Podarunki
To przyjemność obdarowywania prezentami najbliższych, ale również ich otrzymywania. Pamiętaj, że nie chodzi o drogie rzeczy materialne. Najważniejsza jest informacja płynąca z podarunku – „Chcę sprawić Ci przyjemność.", „Znam Cię, wiem co dla Ciebie jest ważne.".

4. Działania wzbogacające życie
To różne małe i wielkie rzeczy, które można zrobić dla drugiego człowieka np. zaparzenie herbaty i przyniesienie jej do łóżka, czy wyręczenia z jakiegoś obowiązku.

5. Dotyk
To wszelkiego rodzaju okazywanie czułości – przytulenie, pogłaskanie, trzymanie za ręce, taniec, uprawianie miłości fizycznej. Dlaczego przytaczam tutaj koncepcje Chapmana?

Rozpoznanie jakim językiem miłości posługujemy się my, a jakimi nasi najbliżsi jest podstawą budowania relacji. Wyobraź sobie, że Twoim podstawowym językiem miłości jest dotyk, czekasz, więc na niego i sam go stosujesz np. przytulając przyjaciół na przywitanie.

Jednak Twoi przyjaciele nie wiedzą, że są dla Ciebie ważni! Dlaczego? Ich językiem miłości jest „czas przeznaczony na bycie razem", dlatego umawiają się z Tobą na spacery, czy rozmowy. Jednak Ty nie jesteś osobą, która sama inicjuje kolejne spotkania. Widzisz ile niepokoju może to wprowadzić w Waszą relację? W tym *Przewodniku*, chcę Ci pokazać, jak osiągnąć spokój w swoim życiu!

Jeśli poznacie nawzajem swoje języki miłości, Ty np. będziesz mógł wpisać sobie w kalendarz, żeby zadzwonić i zaproponować wspólne wyjście, a oni zapamiętać, że gdy w Twoim życiu wydarzy się coś dobrego, największą oznaką miłości będzie przytulenie, a nie: „Gratuluję!".

Jak poznać swój język miłości?
Tutaj przede wszystkim zachęcam Cię do przeczytania książek Chapmana, ale jeśli chcesz pójść na skróty to w Internecie znajdziesz wiele stron, na których można wykonać darmowy test. Zachęć do jego zrobienia również osoby, którym naprawdę chcesz pokazywać, jak bardzo je kochasz.

Przewodnik Pozytywnego Życia

13. WEWNĘTRZNY KRYTYK

Wewnętrzny krytyk często wywołuje uczucie wstydu i poczucie niedoskonałości. Może również powodować zwątpienie w siebie i podważać wiarę we własne możliwości. To głos niepokoju w Twoim sercu. Znasz te myśli? „Jestem beznadziejny". „Nic nie potrafię i na pewno to mi się nie uda". „Jestem gruby i brzydki".

Przyczyną jest niedosyt bezwarunkowej miłości i akceptacji ze strony kochanych przez nas ludzi. Jeśli bliscy okazują nam miłość tylko wtedy, kiedy spełnimy ich oczekiwania, to uczymy się, że miłość możemy osiągnąć tylko będąc perfekcyjnymi. Nie musi być to celowe działanie. Jednak powoduje ono powstawanie takich myśli, jak: „Muszę spełniać oczekiwania innych, by mnie kochano", „Nie mogę pokazywać, że popełniam błędy, bo wtedy ludzie mnie odrzucą".

To jest jedna z podstaw braku wiary w siebie, niskiej samooceny, ciągłego poczucia wstydu za to kim jestem. Zdiagnozuj w sobie wszystkie te problemy, zobacz dogłębnie z czego one wynikają i jeśli masz taką możliwość, szczerze porozmawiaj z tymi, których kochasz. Zobacz, czy sam na pewno okazujesz im bezwarunkową miłość oraz powiedz im, jeśli obawiasz się, że możesz stracić ich miłość „jeśli".

Ćwiczenie I:
Świadomość jest pierwszym krokiem do uznania i uwolnienia Twojego wewnętrznego krytyka. Określ sytuację, która mogła wywołać wewnętrznego krytyka.

Ćwiczenie II:
Zastąp nadmiernie krytyczne myśli dokładniejszymi stwierdzeniami. Zmień pesymistyczną myśl w bardziej racjonalną i realistyczną.

Przykład
„Beznadziejnie gotuję.", zastąp „W środę ugotowałem obiad, który mi nie smakował, ale dziś zrobiłem przepyszne śniadanie."

"Nigdy nic mi nie wychodzi." - ta myśl, często pojawia się, gdy zaczynamy robić coś nowego, co jest dla nas trudne. Jeśli np. uczysz się tańca i pomyliłeś po raz trzeci kroki to zastąp tą myśl stwierdzeniem tego co miało miejsce, czyli „Pomyliłem kroki". Gdy tak zrobisz, zaraz narzuci Ci się kolejna: „Co mogę zrobić, żeby dobrze to zatańczyć?"

„Nigdy", czy „zawsze" to jedne ze słów blokujących komunikację - również tą wewnętrzną. Nie przynoszą nic dobrego, dlatego wyrzuć je ze swojego słownika.

Ćwiczenie III:
Za każdym razem, gdy w Twojej głowie pojawi się negatywna myśl postaraj się ją zmienić na faktyczny opis sytuacji (przykład powyżej), a jeśli to możliwe szukaj pozytywnych stwierdzeń.

Przykład
Wracając do naszego przykładu z pomylonymi krokami w tańcu. Ze zwykłej pomyłki, która jest domeną wszystkich początkujących możesz stworzyć kilka pozytywnych myśli:

„Pomyliłem kroki, pamiętam, że na ostatnich zajęciach również potrzebowałem czasu, by poprawnie zatańczyć nowy układ. Teraz tańczę go bezbłędnie, więc z tymi krokami na pewno poradzę sobie tak samo dobrze."

„Mam przed sobą jeszcze tyle rzeczy do nauki, nie mogę się doczekać aż opanuję ten układ!"

Początkowo takie zamienianie myśli może wydawać Ci się sztuczne i dziwne, jednak im częściej będziesz to praktykował tym naturalniejsze stanie się dla Ciebie dostrzeganie jasnych stron Twojego życia.

A stąd już jeden krok do osiągnięcia w nim spokoju i radości!

Tom IV

Przewodnik Pozytywnego Życia

www.ingramcontent.com/pod-product-compliance
Lightning Source LLC
LaVergne TN
LVHW051923060526
838201LV00060B/4148